Ricardo Menegussi Pereira

ASSEMBLEIA POR MEIO ELETRÔNICO, ASSEMBLEIA VIRTUAL ASSEMBLEIA ONLINE EM CONDOMÍNIOS EDILÍCIO, VANTAGENS E DESVANTAGENS

Direito Imobiliário

Curitiba

2020.2

Direito Imobiliário

ASSEMBLEIA POR MEIO ELETRÔNICO, ASSEMBLEIA VIRTUAL E ASSEMBLEIA ONLINE EM CONDOMÍNIOS EDILÍCIO,

VANTAGENS E DESVANTAGENS

RICARDO MENEGUSSI PEREIRA

Curitiba

2020.2

RICARDO MENEGUSSI PEREIRA

ASSEMBLEIA POR MEIO ELETRÔNICO, ASSEMBLEIA VIRTUAL E ASSEMBLEIA ONLINE EM CONDOMÍNIOS EDILÍCIO, VANTAGENS E DESVANTAGENS

Artigo Científico Jurídico em Direito Imobiliário.

Curitiba

2020.2

AGRADECIMENTOS

Agradeço a todos os professores que dedicam suas vidas e tempo útil fortalecendo o conhecimento de seus alunos e dando esperança de uma sociedade melhor.

Os mais profundos agradecimentos à Deus pelos desafios propostos que tanto me fizeram mais forte e edificaram uma fé inabalável em minha existência.

RESUMO

PEREIRA, Ricardo Menegussi: **ASSEMBLEIA POR MEIO ELETRÔNICO, ASSEMBLEIA VIRTUAL E ASSEMBLEIA ONLINE EM CONDOMÍNIOS EDILÍCIO, VANTAGENS E DESVANTAGENS.** 43 folhas. Direito Imobiliário, Curitiba, 2020.

O presente livro busca fazer uma análise sobre o processo de ASSEMBLEIA POR MEIO ELETRÔNICO, ASSEMBLEIA VIRTUAL E ASSEMBLEIA ONLINE EM CONDOMÍNIOS EDILÍCIO, VANTAGENS E DESVANTAGENS tanto no aspecto jurídico como extrajudicial. analisando detalhadamente sua aplicação em condomínios edilícios.

Palavras-chave: ASSEMBLEIA POR MEIO ELETRÔNICO, ASSEMBLEIA VIRTUAL E ASSEMBLEIA ONLINE, condomínio, vantagens e desvantagens, condomínios edilícios.

PEREIRA, Ricardo Menegussi: **ASSEMBLEIA POR MEIO ELETRÔNICO, ASSEMBLEIA VIRTUAL E ASSEMBLEIA ONLINE EM CONDOMÍNIOS EDILÍCIO, VANTAGENS E DESVANTAGENS.** 43 folhas. Direito Imobiliário, Curitiba, 2020.

ABSTRACT

PEREIRA, Ricardo Menegussi: **ASSEMBLEIA POR MEIO ELETRÔNICO, ASSEMBLEIA VIRTUAL E ASSEMBLEIA ONLINE EM CONDOMÍNIOS EDILÍCIO, VANTAGENS E DESVANTAGENS** Direito Imobiliário – Curitiba, 2020.

The present work of conclusion of course seeks to make an analysis on the process of VIRTUAL ASSEMBLY IN CONDOMINIUMS, ADVANTAGES AND DISADVANTAGES both in the legal aspects. analyzing in detail its application in building condominiums.

Keywords: Virtual Assembly ,condominium, advantages and disadvantages, building condominiums.

Sumário

LISTA DE SIGLAS ... 10

1. INTRODUÇÃO ... 11

2. DESENVOLVIMENTO ... 12

2.1. A ASSEMBLEIA CONDOMINIAL ... 12

2.2. TIPOS DE ASSEMBLEIAS POR MEIO ELETRÔNICO ... 21

2.2.1. ASSEMBLEIA VIRTUAL ... 22

2.2.2. ASSEMBLEIA REMOTA ... 22

2.2.3. ASSEMBLEIA ONLINE ... 23

2.3.4. ASSEMBLEIA DIGITAL ou OFFLINE ... 24

2.3.5. ASSEMBLEIA HIBRIDA ... 25

2.4. SEGURANÇA DA ASSEMBLEIA POR MEIO ELETRÔNICO ... 25

2.5. TRANSPARÊNCIA DA ASSEMBLEIA POR MEIO ELETRÔNICO ... 28

2.6. EFETIVIDADE DA ASSEMBLEIA POR MEIO ELETRÔNICO ... 29

2.7. ADAPTAÇÃO DOS CONDOMÍNIOS EDILÍCIOS PARA REALIZAÇÃO DAS ASSEMBLEIAS NO MEIO ELETRÔNICO ... 30

2.8. EDUCAÇÃO DOS COPROPRIETÁRIOS, CONDÔMINOS, PARA A ASSEMBLEIA POR MEIO ELETRÔNICO ... 31

2.9. REGISTRO DA ATA DAS ASSEMBLEIAS POR MEIO ELETRÔNICO ... 32

3. O SÍNDICO E A ASSEMBLEIA POR MEIO ELETRÔNICO ... 33

4. VANTAGENS E DESVANTAGENS DA ASSEMBLEIA POR MEIO ELETRÔNICO ... 37

    4.1. VANTAGENS ... 37

    4.2. DESVANTAGENS: ... 38

5. CONCLUSÃO ... 39

6. REFERÊNCIAS BIBIOGRÁFICAS ... 41

LISTA DE SIGLAS

Embraesp - Empresa Brasileira de Estudos de Patrimônio

OAB - Ordem Nacional dos Advogados

ABADI - Associação Brasileira das Administradoras de Imóveis

ABNT - Associação Brasileira de Normas Técnicas

NBR - Norma Técnica Brasileira

PNE - Portador de Necessidades Especiais

SEBRAE - Serviço Brasileiro de Apoio às Micro e Pequenas Empresas

SECOVI - Sindicato das Empresas de Compra Venda, Locação e Administração de Imóveis

§ - Parágrafo

Art. - Artigo

CRECI - Conselho Regional de Corretores de Imóveis

COFECI - Conselho Federal de Corretores de Imóveis

IPTU - Imposto sobre a Propriedade Territorial Urbana

INSS - Instituto Nacional do Seguro Social

LGPD - Lei Geral de Proteção de Dados

CNPJ - Cadastro Nacional da Pessoa Jurídica

CPF - Cadastro de Pessoa Física

CONAMA - Conselho Nacional do Meio Ambiente

SPU - Secretaria do Patrimônio da União

STJ - Superior Tribunal de Justiça

1. INTRODUÇÃO

Assembleia por Meio Eletrônico, Assembleia Virtual e Assembleia Online em Condomínios Edilícios: Vantagens e Desvantagens

A assembleia geral de um condomínio detém significativa autoridade na esfera jurídica brasileira. Um exemplo notável é a Lei Nº 13.105, de 16 de março de 2015, conhecida como Código do Processo Civil, que em seu artigo 784, inciso X, apresenta a possibilidade de realizar assembleias gerais por meio eletrônico.

Tal abordagem permite a interação eletrônica entre a administração e os coproprietários, aproveitando a capacidade atual de conexão via internet.

Isso facilita a integração entre o síndico, o subsíndico, membros do conselho, representantes de comissões ou blocos e os condôminos.

Novas possibilidades surgem com a transmissão via plataformas de streaming de alta performance e sistemas específicos, que conseguem suportar o grande número de acessos dos coproprietários.

Essas plataformas permitem registrar online com segurança, utilizando meios confiáveis de autenticação de usuários, proporcionando controles auditáveis e garantindo a segurança de dados, informações, votos e documentos envolvidos na assembleia. A utilização da internet, aliada à estrutura física do condomínio, possibilita maior fluidez, segurança e transparência no processo da assembleia, maximizando a participação e o alcance das decisões, alcançando índices de adesão históricos.

Atualmente, a assembleia geral do condomínio é claramente definida, garantida, circunstanciada, detalhada e bem-conceituada no contexto jurídico brasileiro.

Com a recente reconfiguração mundial da interação humana e a inclusão do meio eletrônico, atendendo também às necessidades e exigências sanitárias pós-2020, torna-se possível a aprovação de obras urgentes e emergenciais, eleições de síndicos e a definição de rateios específicos com um quórum importante. Isso permite a realização de votações que, por muito tempo, foram consideradas "impossíveis" em certos empreendimentos condominiais.

2. DESENVOLVIMENTO

2.1. A ASSEMBLEIA CONDOMINIAL

A assembleia geral de um condomínio possui uma autoridade amplamente reconhecida na esfera jurídica brasileira. Como exemplo, temos a Lei Nº

13.105, de 16 de março de 2015, o Código do Processo Civil, cujo artigo 784, inciso X, confere à assembleia geral o poder de determinar que créditos referentes às contribuições ordinárias ou extraordinárias do condomínio edilício, desde que documentalmente comprovadas e previstas na convenção do condomínio, sejam cobrados e executados como títulos executivos extrajudiciais.

Na Lei Nº 10.406, de 10 de janeiro de 2002, que institui o Código Civil, no Capítulo VII, "Do Condomínio Edilício", na Seção I das Disposições Gerais, a assembleia geral tem sua garantia desde a criação da convenção do condomínio, que deve ser registrada no Cartório de Registro de Imóveis regional.

O artigo 1.334, inciso III, estabelece que a convenção deve determinar a competência das assembleias, forma de sua convocação e quórum exigido para as deliberações. Já o artigo 1.335, ao listar os direitos do condômino, destaca no inciso III o direito de votar e participar nas deliberações da assembleia, condicionado à situação de estar "quite" junto às obrigações financeiras do condomínio. Decisões importantes, como a cobrança de multas, também estão conectadas à assembleia geral, como exemplifica o artigo 1.336, que define os deveres do condômino. O parágrafo segundo deste artigo determina que o condômino "que não cumprir qualquer dos deveres estabelecidos nos incisos II a IV, pagará a multa prevista no ato constitutivo ou na convenção, não podendo ela ser superior a cinco vezes o valor de suas contribuições mensais, independentemente das perdas e danos que se apurarem; não havendo disposição expressa, caberá à assembleia geral, por dois terços no mínimo dos condôminos restantes, deliberar sobre a cobrança da multa".

O parágrafo único do mesmo artigo positiva que o "condômino ou possuidor que, por seu reiterado comportamento antissocial, gerar incompatibilidade de convivência com os demais condôminos ou possuidores, poderá ser constrangido a pagar multa correspondente ao décuplo do valor atribuído à contribuição para as despesas condominiais, até ulterior deliberação da assembleia".

No artigo 1.339, que descreve que "os direitos de cada condômino às partes comuns são inseparáveis de sua propriedade exclusiva; são também inseparáveis das frações ideais correspondentes às unidades imobiliárias, com as suas partes acessórias", o parágrafo segundo permite ao condômino que desejar "alienar parte acessória de sua unidade imobiliária a outro condômino, só podendo fazê-lo a terceiro se essa faculdade constar do ato constitutivo do condomínio, e se a ela não se opuser a respectiva assembleia geral".

Em relação à realização de obras e reformas, o Código Civil aborda no artigo 1.341 a necessidade de aprovação pela assembleia, indicando quem "a realização de obras no condomínio depende: §2º Se as obras ou reparos necessários forem urgentes e importarem em despesas excessivas, determinada sua realização, o síndico ou o condômino que tomou a iniciativa delas dará ciência à assembleia, que deverá ser convocada imediatamente. §3º Não sendo urgentes, as obras ou reparos necessários, que importarem em despesas excessivas, somente poderão ser efetuadas após autorização da assembleia, especialmente convocada pelo síndico, ou, em caso de omissão ou impedimento deste, por qualquer dos condôminos".

Cada aspecto do Código Civil demonstra a importância da necessidade de aprovação de temas em assembleia tanto para a segurança jurídica quanto para as boas práticas da administração e transparência no dispêndio de recursos coletivos do condomínio.

Ainda no Código Civil, na Seção II intitulada "Da Administração do Condomínio", está estabelecido o artigo 1.347, que determina: "a assembleia escolherá um síndico, que poderá não ser condômino, para administrar o condomínio, por prazo não superior a dois anos, o qual poderá ser renovado".

O síndico, como protagonista das responsabilidades e coordenador do orçamento condominial, é uma figura essencial para a administração. Sua atuação é regulada também pelo Código Civil, especificamente no artigo 1.348, que define as competências dessa figura fundamental para a administração, gestão, mediação e representação do condomínio. Assim, é da competência do síndico "convocar a assembleia dos condôminos, dar imediato conhecimento à assembleia da existência de procedimento judicial ou administrativo, de interesse do condomínio; cumprir e fazer cumprir a convenção, o regimento interno e as determinações da assembleia; prestar contas à assembleia, anualmente e quando exigidas". Desta forma, a importância do síndico e da assembleia fica inegável, reforçando as vantagens competitivas da assembleia por meio eletrônico, tanto pela sua praticidade, quanto pela sua portabilidade e capilaridade, ampliando a oportunidade de participação dos coproprietários e homogeneizando as decisões da assembleia e as ações do síndico.

A importância da assembleia é ainda mais potencializada no Código Civil, que prevê: "Poderá a assembleia investir outra pessoa, em lugar do síndico, em poderes de representação", o que inclui também os poderes de procurações e representação do síndico, estabelecendo que "o síndico pode transferir a outrem, total ou parcialmente, os poderes de representação ou as funções administrativas, mediante aprovação da assembleia, salvo disposição em contrário da convenção".

O artigo 1.349 do Código Civil define que "a assembleia, especialmente convocada para o fim estabelecido no § 2º do artigo antecedente, poderá, pelo voto da maioria absoluta de seus membros, destituir o síndico que praticar irregularidades, não prestar contas ou não administrar convenientemente o condomínio".

Além disso, a necessidade de prestação de contas de forma regular perante a assembleia é enfatizada pelo Código Civil no artigo 1.350, que estipula: "O síndico convocará, anualmente, uma reunião da assembleia dos condôminos, na forma prevista na convenção, a fim de aprovar o orçamento das despesas, as contribuições dos condôminos e a prestação de contas, e eventualmente eleger o seu substituto e alterar o regimento interno".

O parágrafo segundo garante ainda que "se o síndico não convocar a assembleia, um quarto dos condôminos poderá fazê-lo". Para o Código Civil, a prestação de contas é tão importante que se torna uma obrigação anual.

A convocação de assembleias é abordada também no parágrafo segundo do mesmo artigo, onde se estabelece que "se a assembleia não se reunir, o juiz decidirá, a requerimento de qualquer condômino".

O artigo 1.355 assegura que "assembleias extraordinárias poderão ser convocadas pelo síndico ou por um quarto dos condôminos".

O Código Civil brasileiro dispõe ainda de artigos importantes que precisam ser destacados, conforme segue abaixo suas referências;

> "Art. 1.352. Salvo quando exigido quórum especial, as deliberações da **assembleia** serão tomadas, em primeira convocação, por maioria de votos dos condôminos presentes que representem pelo menos metade das frações ideais."

> "Parágrafo único. Os votos serão proporcionais às frações ideais no solo e nas outras partes comuns pertencentes a cada condômino, salvo disposição diversa da convenção de constituição do condomínio."

> "Art. 1.353. Em segunda convocação, a

assembleia poderá deliberar por maioria dos votos dos presentes, salvo quando exigido quórum especial."

"Art. 1.354. A *assembleia* não poderá deliberar se todos os condôminos não forem convocados para a reunião."

"Art. 1.356. Poderá haver no condomínio um conselho fiscal, composto de três membros, eleitos pela *assembleia*, por prazo não superior a dois anos, ao qual compete dar parecer sobre as contas do síndico."

"Seção III, Da Extinção do Condomínio, Art. 1.357. Se a edificação for total ou consideravelmente destruída, ou ameace ruína, os condôminos deliberarão em *assembleia* sobre a reconstrução, ou venda, por votos que representem metade mais uma das frações ideais."

Decisões importantes são consolidadas na condição de deliberação em assembleia geral. Por isso, as facilidades modernas são fundamentais para facilitar a participação dos condôminos e a execução das assembleias gerais, tendo o privilégio de poder registrar a íntegra de todo o conteúdo e interações, garantindo a possibilidade de decisões muito mais homogêneas.

A capilaridade, estabilidade e capacidade de troca de dados pelos meios eletrônicos atuais, impulsionados ainda pelo cenário sanitário internacional e a reconfiguração mundial da interação humana, criaram um ambiente perfeito para dar força legal, pôr em prática e ensaiar as modalidades de assembleia por meio virtual.

A Lei Nº 14.010, de 10 de junho de 2020, que dispõe sobre o Regime Jurídico Emergencial e Transitório das relações jurídicas de Direito Privado (RJET) no período da pandemia do coronavírus (Covid-19), em seu artigo 5º, possibilitou, até 30 de outubro de 2020, a realização de assembleias por meios eletrônicos, "independentemente de previsão nos atos constitutivos da pessoa jurídica".

Seu Parágrafo único estabelece que a "manifestação dos participantes poderá ocorrer por qualquer meio eletrônico indicado pelo administrador, que assegure a identificação do participante e a segurança do voto, e produzirá todos os efeitos legais de uma assinatura presencial", possibilitando assim que condomínios realizem assembleias por canais eletrônicos e possam "experimentar", com o devido suporte legal, a realização de assembleias virtuais e online.

2.2. TIPOS DE ASSEMBLEIAS POR MEIO ELETRÔNICO

Com a Lei Nº 14.010, de 10 de junho de 2020, empresas e profissionais de tecnologia da informação (TI), administradoras de condomínios, contabilidades e desenvolvedores de sistemas testemunharam a abertura de um novo horizonte de possibilidades em demandas por soluções seguras e viáveis para a realização de assembleias virtuais e online.

As assembleias online e virtuais ocorrem no ambiente virtual (internet), possibilitando a interação entre os coproprietários, moradores e interessados, com o devido registro em áudio/vídeo e troca de mensagens.

Com o aumento da demanda, o mercado viu surgir uma grande variedade de ofertas de soluções para realização dessas assembleias, incluindo opções gratuitas (em troca de cadastros para e-mail marketing) e contratáveis (com planos baseados na demanda e no número de unidades), cujos custos variam conforme a quantidade de participantes e o tipo de plataforma de desenvolvimento.

Assim, existem soluções mais seguras e outras

mais vulneráveis, algumas permitindo apenas a participação de pessoas pré-cadastradas, enquanto outras oferecem possibilidade de participação mais aberta, o que pode impactar na segurança necessária para a fidedignidade dos resultados deliberados.

2.2.1. ASSEMBLEIA VIRTUAL

A assembleia virtual utiliza de maneira abrangente uma biblioteca virtual contendo todas as informações necessárias para sustentar as deliberações.

Esta modalidade, embora realizada eletronicamente, não proporciona uma interação instantânea entre os participantes. Ela emprega imagens virtuais, documentos digitalizados e vídeos armazenados, que são vinculados aos temas em discussão e acessados por meio de um programa de computador ou navegador de internet.

Uma preocupação especial nessa modalidade é a coleta antecipada de perguntas e dúvidas dos participantes, respondendo-as por meio de material áudio visual. As perguntas e respostas são registradas e disponibilizadas no meio virtual para todos os votantes.

2.2.2. ASSEMBLEIA REMOTA

A assembleia remota é realizada por meio de conexão à internet, facilitando a integração por computadores ou outros dispositivos, conectando os usuários de forma remota. Nesta modalidade, uma data é marcada para o encontro do síndico, subsíndico, membros de conselho e representantes de comissões ou blocos.

O encontro é transmitido por uma plataforma de streaming de alta performance, e os coproprietários votantes podem registrar seus votos por um sistema específico e/ou por meio de cédulas individuais impressas, que são posteriormente protocoladas na administração do condomínio.

Nesta modalidade, a interação dos coproprietários durante a transmissão é nula, limitando-se à manifestação do voto na forma definida na convocação.

2.2.3. ASSEMBLEIA ONLINE

Desenvolvida com o auxílio da conexão de internet, esta modalidade requer que todos os participantes tenham uma conexão de fibra ótica ou tecnologia 5G, por exemplo, pois a interação ocorre via internet no exato momento em que se acessa o evento, em data e horário previamente definidos.

Os usuários se conectam em seus computadores, tablets e smartphones, e todas as deliberações são realizadas de forma pronta, direta e remotamente em um formato online, que é disponível e acessível simultaneamente para todos os participantes.

É importante estar atento à possibilidade de a página (link) não suportar a grande quantidade de acessos dos coproprietários. Além disso, os participantes devem se registrar online com uma senha segura para participar, conferindo confiabilidade e validade jurídica ao processo.

2.3.4. ASSEMBLEIA DIGITAL ou OFFLINE

Realizada pela internet, esta modalidade de assembleia permite que toda interação, representação e troca de informações sejam feitas via navegadores de internet ou aplicativos específicos, de acordo com a necessidade da quantidade de dados requerida para a realização da assembleia.

Muitos sistemas já integram dispositivos, agilizando os processos, e empregam métodos seguros de autenticação de usuários. Isso proporciona controles rígidos e relatórios auditáveis, garantindo segurança na captação e armazenamento de dados, informações, votos e documentos enviados.

Essa abordagem oferece a praticidade de votar pela internet, eliminando a necessidade de comparecimento pessoal nas assembleias ou na administração do empreendimento.

2.3.5. ASSEMBLEIA HIBRIDA

Esta modalidade de assembleia combina o uso da internet com a estrutura física do condomínio. Embora utilize uma das formas de assembleia em meio eletrônico, existe uma preocupação especial com a questão da acessibilidade para pessoas em empreendimentos onde nem todos dispõem de computadores, dispositivos, conexão ou conhecimentos suficientes para garantir fluidez e segurança no processo eletrônico.

2.4. SEGURANÇA DA ASSEMBLEIA POR MEIO ELETRÔNICO

Sendo a assembleia geral uma instituição definida, garantida, circunstanciada, bem detalhada e conceituada no contexto jurídico brasileiro, a segurança das assembleias desenvolvidas em meio eletrônico é um pilar principal. Ela deve garantir aos coproprietários um processo de deliberação transparente, fidedigno, que obedeça ao ordenamento da convenção do empreendimento e permita auditoria a qualquer tempo.

É crucial garantir, de forma comprobatória, que a totalidade dos condôminos foi convocada para a assembleia, assegurando-se da ausência de fraudes, especialmente por meio da implantação da certificação digital de identidade dos votantes. O registro do endereço eletrônico e IP de origem dos votos, a comprovação segura da autenticação de cada participante e o registro fiel da manifestação dos votos, comentários e outras interações que compõem a pauta, o processo e a ata da assembleia são essenciais.

A assembleia por meio eletrônico já está bem conceituada no contexto imobiliário e jurídico brasileiro, com diversas publicações e uma representativa participação maior de condôminos, formando um quórum mais expressivo para as votações e, consequentemente, homogeneizando mais as decisões. A segurança, tanto jurídica quanto técnica, e a possibilidade de auditoria dos votos são motivos principais para sua adoção.

Realizar a assembleia em meio eletrônico é uma facilidade sem precedentes para a administração condominial, tanto em termos de maior participação efetiva dos coproprietários votantes quanto à transparência e ao registro seguro audiovisual de toda interação.

Portanto, é vital realizar a assembleia eletrônica em um sistema/plataforma seguro, com a fidelidade necessária para auditar os votos a qualquer momento.

Outro ponto fundamental para a segurança da assembleia é a preocupação comprovada da administração na manutenção preventiva dos cadastros de contato e login dos coproprietários, além da coleta prévia de documentos necessários, procurações e protocolos de conhecimento da convocação.

A atenção preventiva com as questões legais para anunciação, convocação e representação na assembleia proporciona segurança contra possíveis impugnações por falta de convocação nos moldes da convenção do condomínio.

Além disso, a administração precisa oferecer o treinamento e a capacitação necessários para que colaboradores e participantes sejam adequadamente preparados para utilizar a plataforma/sistema escolhido.

Todos os envolvidos nessa nova modalidade de assembleia devem estar cientes da necessidade de adaptação e se comprometer com a fluidez e segurança do processo, além da fidedignidade do cadastro dos participantes e votantes. Para finalizar a questão da segurança, é pertinente abordar a segurança sanitária da assembleia para todos os participantes, uma questão amplamente divulgada pelas mídias nacionais e internacionais devido ao cenário de pandemia e reconfiguração mundial da interação humana.

2.5. TRANSPARÊNCIA DA ASSEMBLEIA POR MEIO ELETRÔNICO

Reconhecendo a importância da assembleia geral, assim como a segurança de sua realização e a fidedignidade das informações coletadas e deliberadas, estabelece-se a obrigação de transparência em relação aos assuntos discutidos, às participações, manifestações e votos.

A transparência é um fator que amplifica a segurança e a percepção de segurança entre todos os indivíduos autenticados envolvidos nas assembleias.

A preocupação com a transparência deve iniciar junto à escolha dos assuntos que serão pautados na convocação da assembleia, visando garantir e minimizar dúvidas e questionamentos sobre os itens a serem deliberados.

As atas de reuniões, incluindo gravações

áudio/visuais sempre que possível, e as enquetes administrativas devem ser consideradas elementos fundamentais para garantir a transparência da assembleia. Portanto, vincular todos os registros que originaram a pauta de convocação é uma decisão importante que demonstra transparência e reforça a segurança jurídica das decisões derivadas da assembleia geral. Além disso, disponibilizar com a maior antecedência possível todos os documentos, pesquisas, orçamentos, desenhos, projetos, vídeos e/ou áudios que contribuíram para a construção da pauta da assembleia e dos assuntos que serão tratados, citados, propostos, mostrados ou comentados na própria assembleia, evidencia uma atitude comprometida com a transparência.

Manter o registro de todo o histórico e da realização efetiva da assembleia, pelo máximo de tempo possível, é uma das vantagens do registro eletrônico de toda interação e documentação. Esta prática é uma garantia de transparência das decisões que fornece às futuras administrações a exata compreensão do teor das deliberações tomadas ao longo da vida do condomínio.

2.6. EFETIVIDADE DA ASSEMBLEIA POR MEIO ELETRÔNICO

A realização da assembleia geral por meio

eletrônico tende a gerar efeitos positivos na dinâmica do condomínio e na maximização da participação dos coproprietários.

Esta modalidade assegura que a administração atinja melhores resultados tanto em eficiência quanto em eficácia, facilitando uma interpretação mais precisa das demandas dos coproprietários.

Em termos de eficiência, a assembleia geral eletrônica garante um nível operacional mais econômico e participativo, eliminando os altos custos associados a materiais impressos, locações e honorários.

Além disso, permite uma participação ampliada e facilitada dos condôminos e procuradores dos coproprietários. Deste modo, a assembleia virtual se mostra mais eficiente.

No aspecto da eficácia, a assembleia geral eletrônica, alinhada às preocupações com transparência e segurança, garante um gerenciamento mais planejado e fundamentado em registros fiéis das apresentações e deliberações.

Isso possibilita à administração maior agilidade para propor assuntos a serem deliberados e, principalmente, permite que a assembleia seja realizada com maior frequência.

2.7. ADAPTAÇÃO DOS CONDOMÍNIOS EDILÍCIOS PARA REALIZAÇÃO DAS ASSEMBLEIAS NO MEIO ELETRÔNICO

A adaptação dos condomínios edilícios para a realização das assembleias por meio eletrônico tende a ser excelente, devido à sua praticidade, comodidade e segurança.

Isso permite que, durante a gestão do empreendimento, haja um processo dinâmico nos condomínios, especialmente ao facilitar uma orientação das deliberações através de uma análise minuciosa de dados e a aplicação de ferramentas analíticas com um banco de dados fiel.

As tecnologias já bem disseminadas proporcionam às assembleias eletrônicas um fator inquestionável de facilitação, atendendo às necessidades dinâmicas de decisões frente ao ambiente de interação, regramento, preservação e mediação de conflitos, em um processo seguro para o condomínio e os condôminos.

É evidente que essa facilidade para o condomínio depende da condição de infraestrutura técnica e formal de todas as frações ideais e unidades autônomas, bem como do que a administração pode oferecer dentro de suas possibilidades e criatividade.

2.8. EDUCAÇÃO DOS COPROPRIETÁRIOS, CONDÔMINOS, PARA A ASSEMBLEIA POR MEIO ELETRÔNICO

A administração do empreendimento deve ter uma preocupação exagerada com a criação de campanhas, material áudio visual e treinamento dos atendentes da administração interno, representantes, membros do conselho ou comissões, disseminando o máximo de informações e conhecimento sobre o processo de votação e temas que serão deliberados.

Todos os dados, informações e conteúdos devem ser intuitivos, amplamente divulgados e facilitados, estando disponíveis antes e pós assembleia, tornando a base de dados do empreendimento muito mais fiel, íntegra e disponível, possibilitando um ambiente de gestão totalmente transparente e harmônico.

2.9. REGISTRO DA ATA DAS ASSEMBLEIAS POR MEIO ELETRÔNICO

A ata da assembleia realizada por meio eletrônico (seja híbrida, semipresencial, remota, virtual ou digital) deve ser posteriormente assinada pelo presidente eleito para a assembleia e pelo secretário da mesa (se houver). É importante que o tipo de modalidade eletrônica adotada para a assembleia, bem como os meios, dispositivos e plataformas utilizados, sejam claramente expressos no texto da ata.

Após a devida conferência do conteúdo transcrito, a ata deve ser rubricada e assinada fisicamente, em data futura e pré-agendada, e deve incluir a lista de participantes e votantes, com o registro dos endereços eletrônicos.

Essa documentação deve ser formalmente registrada em cartório para os fins e efeitos legais necessários. Pode ser que o cartório exija o arquivo áudio visual em formato compatível para confrontação com a ata documentada. Portanto, ao se preocupar com o registro em cartório da ata, é fundamental que o rito da assembleia descrito na convenção seja integralmente observado.

O armazenamento e a disponibilidade de todo o conteúdo vinculado à assembleia são fundamentais para a segurança jurídica da modalidade.

3. O SÍNDICO E A ASSEMBLEIA POR MEIO ELETRÔNICO

O universo jurídico brasileiro estabelece claramente a importância do síndico em Condomínios Edilícios, conforme disposições no Código Civil, Lei No 10.406, de 10 de janeiro de 2002, que tratam do

Condomínio Edilício e sua administração.

LEI No 10.406, DE 10 DE JANEIRO DE 2002.

Código Civil.

CAPÍTULO VII

Do Condomínio Edilício

Seção II

Da Administração do Condomínio

Art. 1.347. A assembleia escolherá um síndico, que poderá não ser condômino, para administrar o condomínio, por prazo não superior a dois anos, o qual poderá renovar-se.

Art. 1.348. Compete ao síndico:

I - convocar a assembleia dos condôminos;

II - representar, ativa e passivamente, o condomínio, praticando, em juízo ou fora dele, os atos necessários à defesa dos interesses comuns;

III - dar imediato conhecimento à assembleia da existência de procedimento judicial ou administrativo, de interesse do condomínio;

IV - cumprir e fazer cumprir a convenção, o regimento interno e as determinações da assembleia;

V - diligenciar a conservação e a guarda das

partes comuns e zelar pela prestação dos serviços que interessem aos possuidores;

VI - elaborar o orçamento da receita e da despesa relativa a cada ano;

VII - cobrar dos condôminos as suas contribuições, bem como impor e cobrar as multas devidas;

Portanto, o Código Civil vigente declara o síndico como uma figura fundamental na administração e representação do condomínio edilício.

Esse papel carrega a prerrogativa de gestão e mediação da rotina do condomínio.

O síndico, então, assume a função de um mediador e pacificador, propugnando pela harmonia entre os condôminos. Munido da prerrogativa de representar o interesse coletivo, o síndico está no cerne das questões administrativas, carregando a responsabilidade civil e criminal do passivo do condomínio edilício.

A figura do síndico é essencial para equilibrar as intenções e interesses, filtrar as expectativas dos condôminos, interceder pelas causas comuns, responder às urgências, advogar pelo regimento interno e pela convenção, e intervir em conflitos entre moradores, prestadores de serviço e visitantes, principalmente facilitando a comunicação, intervindo para a conciliação e agindo de forma pacificadora para harmonizar e prevenir possíveis disputas e litígios.

O síndico, além de ser responsável pelo censo do condomínio, possui o recenseamento do mesmo, tendo acesso aos cadastros de prestadores de serviço, colaboradores, visitantes, moradores e animais, além da lista de inadimplentes, ocorrências, e o valor pago por cada fração ideal. Ele também possui conhecimentos aprofundados nas rotinas e questões orçamentárias do empreendimento.

Adicionalmente, cabe ao síndico a prerrogativa de liderar os canais de comunicação do empreendimento, mantendo o cadastro completo de todos os proprietários, inquilinos e visitantes.

Com todas estas informações sob sua tutela e sendo o detentor dos canais oficiais do condomínio edilício, o síndico, revestido da prerrogativa de representar o todo e conhecedor dos principais detalhes do complexo condominial, é o principal responsável por propor soluções preventivas para a maioria dos problemas originados na vivência e rotina condominial.

Como primeiro mediador das situações,

divergências e necessidades dos condomínios e seus condôminos, o síndico tem a responsabilidade de fazer valer as regras internas, a convenção do condomínio e as decisões da assembleia, promovendo o respeito, identificando os interesses e necessidades, auxiliando na condução dos conflitos, orientando as partes, intervindo em divergências e solicitações, incentivando soluções criativas e auxiliando na construção de um ambiente harmonioso e aceitável para todos.

Neste contexto, as novas tecnologias e a possibilidade de realização de assembleias por meio eletrônico oferecem ao síndico a oportunidade de acompanhar de perto a dinâmica do empreendimento, propor um maior número de deliberações e contar com uma participação mais ampla de quórum nas decisões.

4. VANTAGENS E DESVANTAGENS DA ASSEMBLEIA POR MEIO ELETRÔNICO

4.1. VANTAGENS

- ✓ Maior facilidade de condução administrativa.
- ✓ Maior dinamismo.
- ✓ Aumento da acessibilidade.
- ✓ Melhora na segurança sanitária.
- ✓ Facilidade na auditoria de votos.
- ✓ Maior adesão de votantes.
- ✓ Objetividade aprimorada nos assuntos abordados.

- ✓ Prazos ampliados para debate e interação.
- ✓ Registros fiéis e disponíveis online.
- ✓ Redução de conflitos e atritos humanos entre condôminos.
- ✓ Melhoria nas inter-relações entre vizinhos.
- ✓ Participantes podem acessar o conteúdo conforme sua disponibilidade.
- ✓ Redução de custos em comparação com métodos manuais.
- ✓ Desenvolvimento contínuo de novas ferramentas e dispositivos de segurança, aumentando a fidedignidade dos resultados.
- ✓ Possibilidade de realizar assembleias em formato híbrido, parte eletrônica e parte presencial.
- ✓ Oportunidade de realizar mais assembleias durante o mandato do síndico.

4.2. DESVANTAGENS:

- ✓ Necessidade de disponibilidade de internet.
- ✓ Exigência de boa capacidade de armazenamento de dados.
- ✓ Necessidade de atualizar a convenção do condomínio.
- ✓ Necessidade de uma plataforma de acesso seguro com login e senha.
- ✓ Maior vulnerabilidade a fraudes.
- ✓ Risco de falsidade ideológica.

- ✓ Maior tempo necessário para realização e conclusão.
- ✓ Incerteza jurídica quanto às jurisprudências relacionadas ao tema.

5. CONCLUSÃO

A realização da assembleia geral por meio eletrônico amplifica os aspectos positivos e benefícios em resposta às necessidades de resoluções ou deliberações importantes para o condomínio edilício.

Um ponto de destaque é a maior adesão e participação dos coproprietários.

É evidente que a opção pelas assembleias eletrônicas preserva as relações entre vizinhos, atende às questões sanitárias, esclarece melhor as responsabilidades de cada sugestão, alegação e demais manifestações decorrentes da interação entre os participantes.

Isso garante que a administração atinja resultados de maior eficiência e eficácia, melhorando a capacidade de disponibilizar e coletar dados, e permitindo uma interpretação mais precisa da demanda real dos coproprietários, identificando os pontos de maior convergência e divergência entre os votos.

Cabe ao síndico focar na eficiência e eficácia da assembleia geral pelo meio eletrônico e assegurar um nível operacional dinâmico, interativo e intuitivo. Isso facilita a tomada de decisões e deliberações de temas em um ambiente mais econômico e participativo, com a devida atenção aos aspectos jurídicos e administrativos, proporcionando um sentimento de segurança e transparência, com a possibilidade de auditoria de todos os dados a qualquer momento.

É fundamental definir claramente as regras das assembleias eletrônicas, por meio de um processo aberto e transparente, com o devido acompanhamento jurídico, assegurando que não haja proibições na convenção do condomínio contra este tipo de deliberação.

A adoção de assembleias em meios eletrônicos, com a capacidade de registrar e reproduzir com fidelidade as decisões, marca um momento especial na vida deliberativa e administrativa dos condomínios. Ela possibilita um cenário participativo muito mais transparente e integrado, envolvendo todos os atores da vida condominial.

6. REFERÊNCIAS BIBIOGRÁFICAS

ABNT NBR 9050:2004.

DALVI, FERNANDO. Administração de Condomínios Edilício. 1.ed. São Paulo: Ciência Moderna, 2018

HORÁCIO, VAN. Manual Prático Do Condomínio, Síndico E Condôminos. 1.ed. São Paulo: Cronus, 2018

LUZ, ORANDYR TEIXEIRA. O Condomínio & Você. Práticas de Gestão Condominial. 1.ed. São Paulo: Juruá, 2018.

DALVI, FERNANDO. Administração de Condomínios Edilício. 1.ed. São Paulo: Ciência Moderna, 2018

DECRETO Nº 5.296 DE 2 DE DEZEMBRO DE 2004.

HORÁCIO, VAN. Manual Prático Do Condomínio, Síndico E Condôminos. 1.ed. São Paulo: Cronus, 2018

LUZ, ORANDYR TEIXEIRA. O Condomínio & Você. Práticas de Gestão Condominial. 1.ed. São Paulo: Juruá, 2018.

LEI Nº 9.099, DE 26 DE SETEMBRO DE 1995. Juizados Especiais Cíveis e Criminais

LEI Nº 10.406, DE 10 DE JANEIRO DE 2002. Código Civil.

LEI Nº 13.105, DE 16 DE MARÇO DE 2015. Código de Processo Civil.

LEI Nº 14.010, DE 10 DE JUNHO DE 2020

LEI Nº 13.709, DE 14 DE AGOSTO DE 2018.

FILHO, RUBENS CARMO ELIAS FILHO. Condomínio Edilício, Aspectos de Direito Material e Processual. 1.ed. São Paulo: Atlas, 2015

SANTOS, ANTONIO JEOVÁ. Dano Moral Indenizável. 6.ed. São Paulo: Jus Podivm, 2016

OLIVEIRA, FRANCISCO ANTONIO DE. Do dano moral. Revista do Instituto de Pesquisas e Estudos, Bauru BDJur, 1998 . http://bdjur.stj.jus.br/dspace/handle/2011/20044

ANDRADE, ANDRÉ GUSTAVO C. DE. A Evolução do Conceito de Dano Moral. Revista da EMERJ, v. 6, n. 24, 2003

Portal de Jurisprudências do Conselho Federal da Ordem dos Advogados do Brasil - OAB

https://jurisprudencia.oab.org.br/

http://secovi.com.br/noticias/assembleias-virtuais-em-condominios-democratizam-deliberacoes/14875

http://secovi.com.br/noticias/covid-19-orientacoes-sobre-assembleia-virtual-em-condominios/14743

http://www.secovi.com.br/noticias/covid-19-assembleia-virtual-novas-condutas-juridicas/1497

www.ingramcontent.com/pod-product-compliance
Lightning Source LLC
Chambersburg PA
CBHW030517220526
45464CB00006B/2842